H. ROLLAND

NOTES

en marge de

L'ARMORIAL GÉNÉRAL

ROCHAS — MATHIEU

AUZIAS — MASSON

BERGERAC
IMPRIMERIE GÉNÉRALE DU SUD-OUEST (J. CASTANET)

1910

DE ROCHAS D'AIGLUN

(France et Dauphiné)

DE ROCHAS D'AIGLUN

(Provence et Dauphiné)

Armes : Les différentes branches de cette famille se sont accordées pour conserver, en souvenir de leur commune origine, le nom du château d'Aiglun (Basses-Alpes) sur lequel elles avaient les droits régaliens ; mais elles ont adopté à différentes époques, les armes suivantes :

De gueules à trois bandes d'or.

De gueules à une rose d'or sans tige surmontée d'un croissant d'argent ;

D'azur à une potence ou tau d'argent, surmontée de trois etoiles rangées d'or ;

D'or, à la croix bourdonnée de gueules au chef d'azur chargé d'une étoile d'or.

Ce sont ces dernières armoiries que porte le comte de Rochas d'Aiglun, chef de nom et d'armes.

Devise : « *Mors potiusquam dedecus* ».

Supports : *Deux aigles d'or.*

Cimier : *Une aigle d'or issante.*

Epithète du roi René : « *Loyauté* ».

A famille de Rochas d'Aiglun est originaire de Provence, où elle est connue depuis un temps immémorial. On y disait autrefois en proverbe :

« Noble comme li Barras
« Autant vielh que li Roucas »

qui a trait à la fois au nom de deux familles locales souvent alliées, les *de Barras de Mirabeau* et les *de Rochas d'Aiglun,* et au sens vulgaire des mots « barras » (citadelle) et « rouças » (rocher). — Cette maison tire son nom de l'ancien quartier féodal de la ville de Digne, qui s'appelle encore : *Rochas.* Il y avait au moyen-âge au siège de chaque évêché un comte ou vicomte investi de la puissance temporelle. La ville épiscopale était d'ordinaire divisée entre l'évêque et le comte. A l'époque où les fiefs devinrent héréditaires, chaque comte se rendit indépendant sans oser toutefois prendre le nom de la ville elle-même ; c'est ainsi que les comtes d'Apt s'appelèrent d'*Agoult.* Les comtes de Digne firent de même, et à défaut du nom de Digne prirent celui du *Rochas,* quartier de cette ville où était bâtie la citadelle. — Ce qui confirme cette origine, c'est que les premiers membres de cette famille dont nous avons retrouvé les traces furent pendant plusieurs générations les défenseurs et les représentants des intérêts de la cité.

D'après Saint-Allais, plusieurs membres de la famille de Rochas, partis d'une des contrées de Provence aux environs de Digne se croisèrent et suivirent le roi Saint-Louis en Terre-Sainte.

La famille de Rochas a formé trois branches principales (1), toutes issues de Jean de Rochas, qui fut un des soixante députés de la Noblesse aux Etats de 1487 « *de manière qu'en cette convocation et assemblée d'Estats,* « *outre les évêques et prélats et vicaires mentionnés se trouvèrent les*

---

1. Les comtes de Roscas, établis en Espagne sous le règne de Philippe IV, appartiennent aussi à la même famille.

EX LIBRIS
P. DE ROCHAS
D'AIGLUN
IN ANGULO CUM LIBELLO
ROBERT Edit.
GRENOBLE

« *gentilshommes des plus nobles, anciennes et signalées familles*
« *d'Agoult, Castellane, Blacas, Simiane, Sabran, Rochas...* »
(Nostradamus, *Hist. de Provence,* p. 687).

Ces trois branches sont :

1° La branche d'Aiglun, qui s'est éteinte à Orléans, le 18 juillet 1842, en la personne de Pierre-Justin-Jacques, comte de Rochas d'Aiglun, ancien garde du corps du Roi (compagnie écossaise), chevalier de Saint-Louis et de la Légion d'honneur, né à Digne le 13 avril 1753. — Henri-Justin qui avait épousé le 1er mai 1795, à Beaugency, Thérèse-Henriette Le Gourdineau de Chandry, n'eut point d'enfant et partagea sa fortune entre les hospices d'Orléans et son cousin-germain le marquis de Thoron de la Robine.

2° La branche de Valensole, éteinte dans la famille de Villeneuve-Esclapon.

3° La branche passée en Dauphiné et la seule encore existante.

Elle est représentée par :

Eugène-Auguste-Albert, comte de Rochas d'Aiglun, lieutenant-colonel du génie en retraite, ancien administrateur de l'école polytechnique, officier de la Légion d'honneur, de l'Instruction publique, de Saint-Sauveur (Grèce), et des Saints Maurice et Lazare (Italie), commandeur de Sainte-Anne (Russie), du Mérite Militaire (Espagne), du Medjidié (Turquie), du Nicham de Tunis, et du Dragon Vert de l'Annam.

Marié à Adèle Dode de la Brenerie, petite fille du Maréchal de France, vicomte Dode de la Brenerie, pair de France sous la Restauration ; il a de ce mariage :

a) Henry, vicomte de Rochas d'Aiglun, capitaine au 20e régiment de Chasseurs à cheval.

b) Charles, vicomte de Rochas d'Aiglun, lieutenant au 1er régiment de Hussards.

c) Marguerite de Rochas d'Aiglun.

Le comte Albert de Rochas d'Aiglun avait un frère : François-Joseph-Edouard de Rochas d'Aiglun qui, de son mariage avec Marie de Coppier, a laissé :

a) Joseph-Romain-Pierre, vicomte de Rochas d'Aiglun, lieutenant au 140e régiment d'infanterie, marié à Valentine de Fouquet.

b) Marthe de Rochas d'Aiglun, mariée au comte Jaulin du Seutre de Vignemont.

c) Madeleine de Rochas d'Aiglun, religieuse auxiliatrice du Purgatoire.

Alliances principales. — De Sabran, de Castellane, de Villeneuve-Esclapon, de Barras, de Meyran, Ruffi, de Réquiston, de Glandevez, de Boniface, d'Arbaud, de la Tour-du-Pin, de Clapiers, de Flotte, de Russan, de Puget-Chasteuil, de Chaussegros, de Baschis-Saint-Estève, Le Blanc de Camargues, de Durand de Lamolinière. (Cette dernière famille, originaire du Dauphiné où elle a tenu de tout temps un rang très important, s'est éteinte dans la famille de Rochas). Dode de la Brunerie, de Coppier, de Fouquet.

BIBLIOGRAPHIE

Archives départementales des Bouches-du-Rhône.

    —   —   du Var.

    —   —   des Basses-Alpes.

    —   —   de l'Isère.

César de Nostrodamus. — Histoire et chronique de Provence (1614).

H. Bouche. — Histoire de Provence.

Abbé Robert de Briançon. — L'Etat de Provence.

Pithon-Curt. — Histoire de la Noblesse du Comté Venaissin.

Artefeuil. — Histoire de la Noblesse de Provence.

Papon. — Histoire de Provence.

Abbé Féraud. — Histoire et géographie des Basses-Alpes.

    — Histoire de la paroisse des Sièyes.

Marquis de Boisgelin — Généalogie des Thomas.

Saint-Allais. — Nobiliaire universel de France.

Borel d'Hauterive. — Annuaire de la Noblesse (année 1886).

Moulinet. — Généalogie de la Tour-du-Pin.

De Rivoire-La-Bâtie. — Armorial du Dauphiné.

De Juigné de Lassigny. — Histoire de la maison de Villeneuve en Provence.

D'Albiousse. — Les fiefs nobles du château d'Uzès.

Lainé. — Généalogie d'Arbaud.

Lainé. — Généalogie de Roux.

Baron du Roure. — Notes pour les généalogies provençales.

Louis de la Roque. — Catalogue des chevaliers de Malte

De Vertot. — Histoire de Malte.

De Goussancourt. — Martyrologe de Malte.

De Milleville. — Armorial de France.

Guy-Allard. — Nobiliaire du Dauphiné.

Chorier. — L'Etat du Dauphiné.

Nobiliaire Universel de France (XXVI⁰ volume année 1910) publié sous la direction du *Marquis de Sénas*.

Bergerac. — Imp. J. Castanet.

MATHIEU

(Provence)

Armes : *De gueules, à trois colombes d'argent, posées 2 et 1.*

E nom patronymique de Mathieu est très anciennement connu ; un Gaucher Mathei, de Vienne, épousa vers la fin du xiiie siècle Marguerite fille d'Archambaut VII, de ce mariage, cassé pour cause de parenté, naquit Marguerite de Salins, femme de Guillaume de Sabran, seigneur de Forcalquier, devenue veuve, elle épousa en secondes noces, Gui de Dampierre.

La filiation suivie de cette famille remonte à :

I. — Noble Jean Mathei ou de Mathieu, gentilhomme de Salins en Franche-Comté qui vint s'établir à Forcalquier vers 1450.

    1. Pierre qui suit.

    2. Jean, décédé sans postérité de son union avec une demoiselle de Vachères.

II. — Noble Pierre Mathei, conseiller du Roi, écuyer, agrégé ès-droits, Viguier Capitaine de Forcalquier, marié le 9 avril 1493 à Delphine de Vachères, fille de Noble Boniface de Vachères, seigneur du Revest des Brousses (1) dont il fit don à sa fille. Ils vivaient tous deux en 1502.

    1. Andrière Mathei, mariée par contrat du 25 juin 1519 à Noble François Descalis, seigneur de Bras.

    2. Gaucher qui suit.

    3. Marguerite, mariée à Magnifique seigneur Antoine de Villeneuve, seigneur des Arcs, qui donna quittance à son beau-frère le 1er mai 1559.

III. — Noble et Magnifique seigneur Gaucher Mathei, écuyer,

---

1. Aujourd'hui dans les Basses-Alpes.

AUZIAS DE TURENNE

Dauphiné (Les Baronnies). — Etats-Unis d'Amérique

A. : *Bandé d'argent et de gueules, à 8 pièces, à l'épée d'argent posée en barre, brochant sur le tout, croisée et pommetée d'or.*

T. : *Casque de trois quarts à 5 grilles.*

D. : *Quœrere Primum Regnum Dei.*

S. : *Deux licornes.*

Famille gibeline de Florence (Alziassi) qui passa les Alpes en 1274, avec les Medici, les Passaventi et les Jacquemini, lors de la visite de Grégoire X à Montpellier et à Lyon.

Sa filiation suivie, en France, remonte à Noble Bernard d'Alzias, damoiseau du château de Tresques (diocèse d'Uzès) en 1313, et à sa femme Dulcia. Cette famille possédait des fiefs à Saint-Victor de Lacoste et à Sacran. Maintenue de noblesse le 22 août 1620 par le présidial de Nîmes.

Une branche cadette, issue de noble Jean de Alzias de Tresques (1334), se fixa en Dauphiné, à Mirabel en Baronnies, au moment de la révolte de Raymond de Turenne.

Ses descendants, dont quelques-uns prirent part aux guerres d'Italie, se divisèrent en plusieurs branches, entre autres : Auzias des Combes, Auzias la Blache, Auzias de Turenne.

Le 12 nivôse an III, Jean-Louis-Guibert, 16e du nom d'Auzias (Alzias) et 6e du nom d'Auzias de Turenne était nommé admistrateur du département de la Drôme ; le 6 fructidor an VII, il était porté sur la liste des otages avec E. Rigault d'Aiguillon. et le marquis de Bésignan.

Son fils, Théodore Auzias-Turenne, chevalier de l'Ordre du Lis, fut bâtonnier de l'Ordre des Avocats à Grenoble. Ses descendants habitent le Dauphiné et les Etats-Unis d'Amérique, où ils se sont alliés aux Aubert de la Chesnaye, Trottier de Beaulieu, et aux Stuart (Canada).

BIBLIOGRAPHIE

Archives du château de Tresques, reconnaissance de P. Brunet et de Raimond de Galvalhanius, 1312 et 1328. — Archives de Bagnols, de Soursac, de Nîmes et de Mirabel en Baronnies. — Chronique des nobles flourençaux. — Abbé A. Vincent : Mirabel en Baronnies, p. 50. — Germer Baillière. Auzias-Turenne. — Larousse, vol. I, p. 609, — P. G. Roy : Aubert de Gaspé, p. 154. — Etendard . Réception de Mgr le comte de Paris, à Montréal. p. 27 et 28.

MASSON

Savoie

ARMES : *d'argent à l'aigle de gueules, tenant dans chaque serre une dague de même.*

Cette famille fut officiellement anoblie par ses charges militaires et civiles. Elle fut admise à la noble Bourgeoisie d'Annecy et aux Bourgeoisies de Thônes, Sallanches, Flumet, la Clusaz, qui avaient leurs armoiries officielles que les syndics (ou maires) et les autres fonctionnaires publics apposaient sur les actes. Les armoiries des quatre premières villes sont connues. Celles de la Clusaz, sont de *sinople à un mouton d'argent.*

Les Bourgeois d'Annecy devaient la chevauchée en temps de guerre ou le service militaire à cheval.

Les Masson furent coseigneurs de la Val des Clets, et coseigneurs de la Clusaz ; ils possédèrent des fiefs, des maisons-fortes, des chapelles en Savoie, des châteaux en France, de nombreuses propriétés dans le midi de la France (entr'autres un domaine de 1.200 hectares), aux Etats-Unis et aux Antilles. Ils eurent le privilège d'être inhumés dans les Eglises, dont une (St-Laurent d'Annecy-le-Vieux vient d'être classée comme monument historique, d'être *ensépulturés* dans leurs chapelles particulières, ou *au tombeau de leurs prédécesseurs.*

La famille Masson a donné jusqu'à 1800, des dignitaires de la Royale Abbaye d'Hautecombe, des dignitaires de l'Abbaye de Talloires et d'autres Abbayes de Savoie, des prieurs, des chanoines réguliers de St-Augustin, des chanoines de la Cathédrale de Genève, de l'Insigne Collégiale de Notre-Dame d'Annecy, du chapitre de Flumet, des prêtres et des chapelains d'honneur, des prêtres bénéficiers, des recteurs-curés, des docteurs et licenciés, des aumôniers, des altariens ; dans l'armée, des Cavaliers de l'Escadron de Savoie, qui était un corps d'élite, des grenadiers (compagnie d'élite), des sergents et des officiers au Régiment de Savoie (Régiment d'Ordonnance), et dans les autres Régiments des États de Savoie, *etc.* ; dans les emplois civils, des vice-intendants généraux, un des plus hauts emplois de l'ancien Duché de Savoie (il était le subdélégué de l'Intendant Général pour tout le Duché de Savoie), des Intendants royaux de province (emploi civil élevé, cumulant ceux actuels de préfet, de gouverneur miltaire, de trésorier), des Conseillers du Roi, des Juges-Mages, des Juges cartulaires ; elle a fourni en outre des Avocats au Souverain Sénat de Savoie, des Juges royaux, des Avocats-Fiscaux de province, des Docteurs en Droit, des Châtelains royaux, des Orfèvres-Argentiers ducaux, des Notaires royaux, des Docteurs en médecine, des ingénieurs, des syndics députés pour la signature de toutes les charges et ayant le pouvoir de créer des Bourgeois, des fonctionnaires des abbbés de Talloires, leurs représentants militaires, pour la justice et la finance, dont ils étaient donc les *vidomnes*, des rois du noble exercice de l'Arquebuse, des nobles conseillers de la ville et cité d'Annecy, des chirurgiens gradués, des Procureurs et Avocats au magnifique Conseil de Genevois, des Secrétaires, des Juges du Marquisat de Thônes (composé de neuf paroisses), *etc.*

On compte parmi ses membres des Chevaliers de la Croix de Fer de Savoie, de la Couronne de Fer, des Chevaliers des SS. Maurice et Lazare, des titulaires d'autres décorations et distinctions, *etc.* Depuis 1880 et depuis l'annexion, des syndics, des notaires, des maires, des Docteurs et Licençiés en Droit, des officiers, un directeur de l'Enregistrement, un Inspecteur de 1re Classe de l'Enregistrement de Lyon, un Trésorier-payeur général, d'autres hauts fonctionnaires d'Etat, des agronomes distingués, des Chevaliers de la Légion d'Honneur et d'autres ordres, etc. Cette famille s'est toujours alliée aux bonnes maisons de Savoie et de France : qu'il nous suffise de citer les noms bien connus de Pochat, Nouvellet, Gallay, Gruffat, Ruphy, Grosset, Des Maisons, Terrier, Pitrat Savoye, Basset de Belevalle, qui tous sont ceux de familles nobles et dont quelques-uns portent des noms historiques ; ces

familles la font descendre de tout le Nobiliaire de Savoie, de France, d'Angle-
terre, d'Autriche, d'Italie, et ont toutes donné les mêmes personnages qu'elle-
même. Elle s'est encore alliée aux nobles ou bonnes familles suivantes : Ginet,
Ponselle, Burlat, Thévenet, Thovex, Bal, Fernex, Besson, Mollard, Orsier,
Blanc, Brunier, Viard, Gassin, Etienne, Ballancet, Collomb, Fillion, Collomby,
Marchand, Gros, Mermillod, Boissat, Hudry, Cottin, Rouge, Faverjot, Blan-
chet, Borel, Niel, Veyrat, Fontaneilles, Reymond, Duborjal, Mejat, Sonnier,
Faure, d'Herens, Machet, Rouph-Banderet, *etc.*, qui toutes l'ont apparentée
aux premières familles de Savoie et de France. Cependant ce à quoi cette
famille tient le plus, c'est qu'elle n'a jamais subi les liens du servage, ni de la
taillabilité même réelle, n'a donc pas été roturière, mais ne compte que des
gentilshommes, en prenant ce mot dans son acception la plus rigoureuse et
son sens le plus ancien *(gentis homo)* : la haute montagne dont elle est originaire, a toujours été *libre* et *franche*

BIBLIOGRAPHIE

Armoriaux Mss : Besson, 1750 ; Fernex, 1666 ; Von Helmont, 1772 ;
Armorial appartenant à M. Joseph Serand, Archiviste départemental adjoint
d'Annecy, xviiie siècle.

Armorial Rabut, xviiie siècle.

Archives Mstes : Archives d'Etat de Turin et de Genève ; Archives de Cour
à Turin ; Archives de l'Ordre des SS. Maurice et Lazare ; Archives de la
Grande-Chancellerie de la Légion d'Honneur ; Archives départementales de
Dijon, Chambéry, Annecy ; Archives communales er paroissiales de Paris,
Lyon, Marseille, Chambéry, Annecy, Thônes, Sallanches, la Clusaz, St-Julien-
en-Genevois, Annecy-le-Vieux, Lagnieu, Belley ; Archives du Souverain Sénat
de Savoie.

Imprimés : Armorial et Nobiliaire de l'ancien Duché de Savoie, du comte de Foras.

Inventaire E des Archives Départementales de la Haute-Savoie ; Besson, Mémoires ecclésiastiques ; Fleury, Histoire de l'Eglise de Genève ; Académie Salésienne : Revue Savoisienne : Académie de Savoie (Mémoires et Documents) ; Mémoires et Documents de la Société d'Histoire et d'Archéologie de Chamhéry ; C. Duval, Ternier et St-Julien ; Mercier, Souvenirs historiques d'Annecy ; Bellemin, Almanach du Duché de Savoie ; Vittoz, Mémoires sur Manigod ; Notice sur M. Vittoz, curé de la Giettaz, *etc.*

www.ingramcontent.com/pod-product-compliance
Lightning Source LLC
Chambersburg PA
CBHW051447060726
47596CB00006B/2667